Gemüse KÜCHE

Impressum

Genehmigte Ausgabe
Bellavista ist ein Imprint
des Karl Müller Verlages
Silag Media AG
Liebigstr. 1-9
40764 Langenfeld

Rezeptverzeichnis

Vorwort

Sehr verehrte Leserin, sehr verehrter Leser,

wer gerne gut isst, Freude daran hat Gäste mit gelungenen Speisen zu verwöhnen und schon die Zubereitung als Kocherlebnis empfindet – der wird diese Sammlung mit gekonnt zusammengestellten und mehrfach erprobten Rezepten immer wieder gerne zur Hand nehmen.

Dieser Ratgeber, der Teil einer umfangreichen Reihe weiterer Themen ist, vermittelt das Know-how, mit dem Ihnen garantiert alles gelingt. Selbst alltägliche Gerichte werden raffinierter. Ihre persönliche Rezeptsammlung wächst, und die neu gewonnenen Kochkünste werden Ihre Gäste begeistern. Geselliges Beisammensein mit der Familie, mit Freunden und Bekannten gehört zu einem ausgefüllten Leben dazu. Gemeinsames Kochen, Backen oder Grillen hat sich längst zu einer beliebten Freizeitbeschäftigung entwickelt.

Die Titel-Überschrift „lecker und einfach" übermittelt die Botschaft, dass die Zubereitung raffinierter Gerichte auch nicht sehr aufwändig sein muss: Fachgeschäfte, Supermärkte und die Tiefkühltheke Ihres Discounters bieten heutzutage eine reiche Auswahl an Produkten und Zutaten an, die jede der beschriebenen Rezeptvariationen möglich macht. Und dabei müssen wir auch gar nicht einmal tief in die Tasche greifen, um uns diesen Luxus und das Erlebnis des eigenen Kochvergnügens leisten zu können.
Mit dieser Rezeptsammlung haben wir einen Ratgeber geschaffen, der alle Informationen und Tipps bietet, um das Kochvergnügen – mit garantiertem Erfolg – in vollen Zügen genießen zu können.

Viel Spaß dabei und einen guten Appetit.

Herzlichst Ihr

Siegfried Lapawa
Verleger Karl Müller Verlag

Wurzelgemüse in Petersilienbutter

4 Portionen
500 g Möhren
500 g dicke Petersilienwurzeln
4 EL Butter
2 TL flüssiger Honig
200 ml Kalbsfond
Salz
frisch gemahlener schwarzer Pfeffer
2 Bund glatte Petersilie

Pro Portion ca. 180 kcal / 730 kJ

1 Möhren und Petersilienwurzeln putzen, schälen, waschen und in gleichmäßige Scheiben schneiden.

2 3 Esslöffel Butter in einem Topf aufschäumen, Honig und dann das Wurzelgemüse einrühren und anschwitzen.

3 Mit dem Kalbsfond ablöschen und zugedeckt 10 Minuten dünsten. Mit Salz und Pfeffer abschmecken.

4 Die Petersilie waschen, trockentupfen, die Blätter fein hacken und unter das Gemüse mischen.

5 Die Flüssigkeit im offenen Topf noch etwas einkochen lassen und vor dem Servieren die restliche Butter in Flöckchen unterziehen.

Teltower Rübchen

4 Portionen
750 g Teltower Rübchen
2 EL Butter
1 EL Zucker
1 EL Zitronensaft
1/8 l Brühe
1 Prise Salz
frisch gemahlener weißer Pfeffer
1 TL Speisestärke
100 g Schlagsahne
1 Bund glatte Petersilie

Pro Portion ca. 219 kcal / 880 kJ

1 Die Rübchen schälen und waschen, erst in Scheiben, dann in Stifte schneiden.

2 Butter in einem Topf schmelzen, den Zucker einrühren und karamellisieren lassen.

3 Die Rübchen dazugeben, einige Minuten anbraten und den Zitronensaft einrühren.

4 Die Brühe zugießen, mit Salz und Pfeffer würzen. Bei kleiner Hitze im geschlossenen Topf etwa 30 Minuten dünsten.

5 Speisestärke mit Sahne in einem Becher verquirlen und unter das Gemüse rühren. Noch einmal aufkochen, bis der Gemüsefond sämig ist.

Petersilie waschen, trockentupfen und fein hacken. Vor dem Servieren über das Gemüse streuen.

Gemüsenudeln in Kräuterbutter

2 Portionen
1 dicke Möhre (etwa 250 g)
1 Knollensellerie (etwa 200 g)
1 Lauchstange
125 g breite Bandnudeln
Salz
1/2 Bund glatte Petersilie
etwas frisches Basilikum
etwas frischer Kerbel
1–2 Knoblauchzehen
75 g Butter
frisch gemahlener schwarzer Pfeffer
1 Messerspitze Chilipulver

Pro Portion ca. 600 kcal / 2500 kJ

1 Die Möhre putzen, schälen und waschen. Mit einem Sparschäler möglichst lange, breite Streifen abhobeln.

2 Den Sellerie schälen und waschen. In dicke Scheiben schneiden und halbieren, wie von der Möhre möglichst lange Streifen mit dem Sparschäler abziehen.

3 Den Lauch putzen, längs halbieren und waschen. In breite, lange Streifen schneiden.

4 Die Bandnudeln in reichlich kochendes Salzwasser geben und darin nach Packungsbeschreibung al dente garen. Die letzten 5 Minuten die Gemüsestreifen mit in das Kochwasser geben.

5 Die Kräuter waschen und hacken, den Knoblauch abziehen und durchpressen. Die Butter in einer großen Pfanne aufschäumen, Kräuter und Knoblauch hineingeben und andünsten, mit Salz, Pfeffer und Chilipulver würzen.

Nudeln und Gemüse gut abtropfen, in der Butter wenden und sofort servieren.

Schwarzwurzeln mit Mandelbutter

4 Portionen
1 kg Schwarzwurzeln
2 EL Essig
1 EL Mehl
Salz
1/2 Glas Milch
Saft von 1/2 Zitrone
150 g Butter
100 g Mandelblätter

Pro Portion ca. 540 kcal / 2270 kJ

1 Schwarzwurzeln unter fließendem Wasser gründlich waschen. Dabei Haushaltshandschuhe tragen, denn Schale und Saft hinterlassen braune Flecken auf der Haut.

2 In einer Schüssel etwa 1 l Wasser mit Essig und Mehl verrühren. Schwarzwurzeln schälen, in fingerlange Stücke schneiden und sofort in das Essigwasser legen, damit sie nicht dunkel anlaufen.

3 Salzwasser zum Kochen bringen, Milch und Zitronensaft dazugeben. Die Schwarzwurzeln gut 15 Minuten im halb geschlossenen Topf bei mittlerer Hitze köcheln.

4 Inzwischen die Butter zerlassen und die Mandelblätter darin goldbraun rösten.

5 Die gegarten Schwarzwurzeln abgießen, kurz unter heißem Wasser spülen und im Sieb gut abtropfen lassen. Auf einer vorgewärmten Platte anrichten und die Mandelbutter darüber verteilen.

Als Beilage zu Fleischgerichten servieren.

Syrischer Radieschensalat

4 Portionen
5 Knoblauchzehen
1 TL Salz
500 g türkischer Joghurt
2 frische rote Chilischoten
1 Bund Radieschen
1 Bund glatte Petersilie
1 EL schwarze Oliven ohne Stein
2 EL natives Olivenöl

Pro Portion ca. 170 kcal / 700 kJ

1 Die Knoblauchzehen abziehen, hacken und in einem Mörser mit dem Salz zerdrücken. Die Knoblauchpaste gut mit dem Joghurt verrühren.

2 Die Chilischoten entkernen, fein hacken und zur Joghurtsauce geben.Die welken Blätter von den Radieschen entfernen, die Radieschen samt Grün sowie die Petersilie waschen und trockenschütteln. Alles hacken, in eine Salatschüssel geben und mit der Joghurtsauce vermischen. Zugedeckt im Kühlschrank 30 Minuten ziehen lassen.

Vor dem Servieren das Olivenöl zugeben und noch einmal gut durchmischen.

Pariser Zwiebeln

2 Portionen
250 g Lauch
20 g Butter
100 g Schlagsahne
1 großes Ei
Salz
frisch gemahlener Pfeffer
50 g geriebener Emmentaler
1 große Gemüsezwiebel, ca. 350 g
Butter für die Auflaufform
1 EL trockener Wermut
1 Messerspitze geriebene Muskatnuss

Pro Portion ca. 460 kcal / 1950 kJ

1 Den Lauch putzen und in feine Ringe schneiden. In einem Topf in Butter andünsten. Sahne zugießen und 10 Minuten sanft kochen lassen. Das Ei trennen und das Eigelb unter das Lauchgemüse rühren. Mit Salz und Pfeffer würzen und den Käse untermischen.

2 Die Zwiebel abziehen, 10 Minuten in Salzwasser köcheln lassen und halbieren. Mit einem Löffel vorsichtig aushöhlen. Die Zwiebel mit dem Lauchgemüse füllen, in eine gebutterte feuerfeste Form setzen und mit Wermut beträufeln.

3 Im vorgeheizten Backofen bei 200 °C auf der mittleren Schiene 25 Minuten backen.

4 Das Eiweiß sehr steif schlagen, mit Salz und Muskatnuss würzen und mit einem Löffel vorsichtig auf die gefüllten Zwiebeln setzen. Weitere 5 bis 7 Minuten überbacken, bis der Eischnee goldbraun wird.

Kartoffelsalat

4 Portionen	6 EL Öl
1,2 kg Salatkartoffeln	frisch gemahlener Pfeffer
Salz	1–2 rote Zwiebeln
200 ml Fleischbrühe	1 Bund Schnittlauch
6 EL Weißweinessig	

Pro Portion ca. 340 kcal / 1440 kJ

1 Die Kartoffeln waschen und in Salzwasser ca. 30 Minuten kochen. Die gekochten Kartoffeln pellen.

2 Die Fleischbrühe erwärmen und mit Essig, Öl und Pfeffer verrühren. Die Zwiebeln abziehen und fein hacken. Den Schnittlauch waschen, trockentupfen und in feine Röllchen schneiden.

3 Die lauwarmen Kartoffeln in Scheiben schneiden, mit der gewürzten Brühe übergießen und mit den roten Zwiebeln vermischen. Den Salat in der zugedeckten Schüssel ziehen lassen.

Den Schnittlauch vor dem Servieren unterheben.

Rosmarinkartoffeln

4 Portionen
1 kg kleine neue Kartoffeln, möglichst gleich groß
250 g Cocktailtomaten
8 Knoblauchzehen
50 ml Olivenöl
80 g Butter
1/2 Zweig frischer Rosmarin
1 gestrichener EL grobes Salz
frisch gemahlener schwarzer Pfeffer

Pro Portion ca. 410 kcal / 1730 kJ

1 Die Kartoffeln waschen, sauber bürsten und abtrocknen. Große Kartoffeln halbieren. Die Tomaten waschen und ebenfalls trocknen. Die Knoblauchzehen abziehen.

2 In einer Pfanne das Olivenöl und 50 g Butter erhitzen. Die Kartoffeln einlegen, zudecken und bei mittlerer Hitze 10 Minuten braten. Die Pfanne ab und zu rütteln.

3 Nach 10 Minuten die restliche Butter in die Pfanne geben. Cocktailtomaten und Knoblauchzehen mit den Kartoffeln mischen.

4 Die Rosmarinnadeln vom Zweig streifen und in die Pfanne geben, nur sehr lange Nadeln grob hacken. Salz und Pfeffer einstreuen, alles gut mischen und in der geschlossenen Pfanne weitere 5 Minuten braten. Dann den Deckel abnehmen und die Rosmarinkartoffeln weiterbraten, bis sie gar und goldbraun sind.

Eine ideale Beilage zu geschmortem Rind, Lamm oder Wild.

Herzhafte Kartoffelsuppe

4 Portionen
100 g geräucherter Schweinebauch am Stück
3 Zwiebeln, 1 Stange Lauch
1/4 Sellerieknolle
1 Möhre, 500 g Kartoffeln
1 EL Butterschmalz
1/2 l Fleischbrühe
1 Lorbeerblatt, 1 Prise Zucker
2 Wacholderbeeren
1 Messerspitze getrockneter Liebstöckel, 1/2 EL Butter, Salz
frisch gemahlener Pfeffer
1 Scheibe Weißbrot
100 g Schlagsahne
200 g Fleischwurst

Pro Portion ca. 630 kcal / 2630 kJ

1 Den Schweinebauch würfeln. Die Zwiebeln abziehen. 2 Zwiebeln fein würfeln, 1 Zwiebel in Ringe schneiden. Lauch, Sellerie und Möhre putzen, waschen und würfeln. Die Kartoffeln schälen, waschen und in Scheiben schneiden.

2 Das Butterschmalz in einem Topf erhitzen, Schweinebauch darin ausbraten, gehackte Zwiebeln und Gemüse zugeben und kurz mitbraten. Die Kartoffelscheiben zugeben und die Fleischbrühe angießen. Kräuter und Gewürze zugeben und die Kartoffelsuppe zugedeckt 20 Minuten köcheln lassen.

3 Inzwischen das Weißbrot würfeln und in einer trockenen, heißen Pfanne rösten. Dann die Butter in die Pfanne geben und die Zwiebelringe goldbraun braten.

4 Die fertige Suppe mit dem Schneebesen kräftig durchrühren, damit sie sämig wird, die Sahne unterziehen und die Suppe abschmecken. Die Fleischwurst pellen und in Scheiben schneiden. Die Suppe in eine vorgewärmte Terrine umfüllen, die Wurstscheiben einlegen, mit Brotwürfeln und Zwiebelringen garnieren.

Minestrone mit Reis

4 Portionen:
1 große Zwiebel, 150 g Weißkohl
je 2 Knoblauchzehen, Zucchini, Möhren und Tomaten, 1 Kartoffel
1 Petersilienwurzel, 3 Stängel Staudensellerie 2 kleine Lauchstangen Tomaten, 100 g Kidneybohnen aus der Dose, 2 EL Öl, Salz
75 g geräucherter Schweinebauch am Stück, 100 g tiefgekühlte Erbsen
1 1/2 l leichte Gemüse- oder Fleischbrühe, 125 g Langkornreis, 1 Kräutersträußchen, aus 1 Lorbeerblatt, Petersilie, Basilikum, Thymian und Rosmarin gebunden, gehackte Petersilie, frisch gemahlener schwarzer Pfeffer

Pro Portion ca. 430 kcal / 1800 kJ

1 Zwiebel und Knoblauch abziehen und fein würfeln. Alle Gemüsesorten putzen, eventuell schälen, waschen und etwa gleich groß mundgerecht zerteilen. Die Kidneybohnen abtropfen lassen.

2 Den Schweinebauch würfeln, mit dem Öl in einen Topf geben und ausbraten, dann die Zwiebel- und Knoblauchwürfel darin glasig werden lassen.

3 Alle festen Gemüsesorten einrühren und 5 Minuten anschwitzen, dann das übrige Gemüse einrühren, kurz mitgaren und schwach salzen. Die Brühe angießen und aufkochen, das Kräutersträußchen hineingeben, den Reis einstreuen. Halb zugedeckt etwa 20 Minuten köcheln lassen.

Das Kräutersträußchen entfernen, die Suppe mit Salz und Pfeffer abschmecken und mit gehackter Petersilie bestreuen.

Gemüsesalat mit Käse

4 Portionen
2 Eier
500 g grüner Spargel
Salz
Zucker
500 g Cocktailtomaten
250 g Fetakäse am Stück
1 kleine Dose Maiskörner
2 EL Sherryessig
1 TL Senf
frisch gemahlener schwarzer Pfeffer
6 EL Olivenöl
1/2 Bund Basilikum

Pro Portion ca. 430 kcal / 1830 kJ

1 Die Eier je nach Größe in 8 bis 10 Minuten hart kochen. Kalt abschrecken, schälen und in dicke Scheiben schneiden.

2 Den Spargel waschen, die Spitzen 5 bis 6 cm lang abbrechen und die Reststücke z. B. für eine Gemüsesuppe verwenden.

3 1/2 l Wasser mit 1/2 Teelöffel Salz und 1 Prise Zucker aufkochen und die Spargelspitzen darin 5 bis 6 Minuten garen. Danach in eiskaltem Wasser abschrecken und gut abtropfen lassen.

4 Die Tomaten waschen, trocknen, halbieren und schwach salzen. Den Käse in Stifte schneiden. Die Maiskörner abtropfen lassen.
Alle Salatzutaten auf einer großen Platte dekorativ mischen.

5 Aus Essig, Senf, Salz, Pfeffer und Olivenöl eine sämige Marinade schlagen und über den Salat träufeln.

6 Das Basilikum waschen, trockentupfen und die Blättchen über den Salat zupfen. Zuletzt den Salat mit grob gemahlenem
Pfeffer direkt aus der Mühle bestreuen.

Guacamole – Avocadopaste

2 Portionen
1 reife Strauchtomate
1/2 Zwiebel
1 frische kleine Chilischote
5 Stängel Koriandergrün oder glatte Petersilie
1 reife Avocado
1 kleine Limette
Salz
frisch gemahlener schwarzer Pfeffer
1 Prise Zucker

Pro Portion ca. 220 kcal / 920 kJ

1 Die Tomate kreuzweise einritzen, kurz in kochendes Wasser legen und abziehen. Dann waagrecht halbieren, die Kerne entfernen und das Tomatenfleisch hacken.

2 Die Zwiebel abziehen und fein würfeln. Die Chilischote entkernen und fein hacken. Die Korianderblättchen waschen, trockentupfen und fein hacken.

3 Die Avocado schälen, halbieren und den Kern entfernen. Die Limette auspressen. In einer Schüssel die Avocado mit dem Limettensaft übergießen und mit einer Gabel zerdrücken. Die übrigen fein gehackten Zutaten, Salz, Pfeffer und Zucker einrühren und abschmecken.

Wird der Guacamole nicht sofort serviert, deckt man ihn mit Klarsichtfolie ab, damit er nicht braun wird

Frisches Mango-Chutney

2 Portionen
150 g Sultaninen
2 feste Mangos
1 grüne Paprikaschote
3 frische rote Chilischoten
1 nussgroßes Stück frischer Ingwer
2 Knoblauchzehen
1 Hand voll Korianderblätter oder glatte Petersilie
1 TL Salz
1/8 l Limettensaft

Pro Portion ca. 860 kcal / 3610 kJ

1 Die Sultaninen in einer Schüssel mit lauwarmem Wasser bedeckt einweichen.

2 Die Mangos schälen, vom Kern schneiden und würfeln. Die Paprikaschote waschen, halbieren, entkernen und die Trennhäute entfernen.

3 Die Paprikahälften in Quadrate schneiden. Die Chilischoten waschen, putzen, entkernen und in Streifen schneiden. Den Ingwer schälen und in dünne Scheiben schneiden. Den Knoblauch abziehen und grob hacken.Die Sultaninen in einem Sieb abtropfen lassen. Zusammen mit den vorbereiteten Zutaten und den Korianderblättern fein hacken, bis alles klein und gut vermischt ist.

4 Das Salz darüber streuen und nochmals gründlich durchhacken. Dann in einer Schüssel mit dem Limettensaft verrühren.

Schmeckt zu Rind, Schwein, Lamm, zu Geflügel, gebratenem Fisch und zur kalten Platte.

Variation
Statt Mangos unreife Papayas, statt Knoblauch Zwiebeln verwenden. Tomaten oder geraspelte frische Kokosnuss untermischen.

Eingelegte Paprikaschoten

4 Portionen
4 große rote Paprikaschoten
1/8 l Essig
1 EL Salz
frisch gemahlener schwarzer Pfeffer
4 Knoblauchzehen
200 ml Olivenöl

Pro Portion ca. 270 kcal / 1130 kJ

1 Den Backofen auf 180 °C vorheizen. Die Schoten auf ein Backblech legen und etwa 15 Minuten im Ofen rösten, dabei gelegentlich wenden. Die rundum gerösteten Paprikaschoten in ein kaltes, feuchtes Tuch wickeln und 5 Minuten liegen lassen. Dann die verkohlte Schale mit dem Tuch abreiben und Schalenreste abzupfen. Danach erst die Stiele mit den Kernen herausziehen.

2 Essig, 1/8 l Wasser, Salz und Pfeffer in einer weiten Schüssel schlagen, bis sich das Salz aufgelöst hat. Die Paprikaschoten einlegen, in der Marinade wenden und in der zugedeckten Schüssel 2 bis 3 Stunden marinieren. Währenddessen die Paprikaschoten einige Male wenden.

3 Die Knoblauchzehen abziehen und quer in dünne Scheiben schneiden. Die Paprikaschoten aus der Marinade heben, abtropfen lassen und in eine tiefe Platte legen. Mit dem Knoblauch gut vermischen und mit dem Olivenöl übergießen. Die Platte mit Frischhaltefolie abdecken und die Schoten im Kühlschrank über Nacht ziehen lassen.

Die eingelegten Paprikaschoten mit Käse, Oliven und Brot als kleinen Imbiss reichen oder als Beilage zu Hackfleischgerichten und Grilladen.

Ratatouille

4 Portionen
150 g Gemüsezwiebeln
300 g Auberginen
1 kleine rote Paprikaschote
1 kleine gelbe Paprikaschote
300 g Zucchini
300 g Tomaten
2 Knoblauchzehen
3 EL Olivenöl
1 EL Tomatenmark
Salz
frisch gemahlener Pfeffer
1 TL getrocknete provenzalische Kräuter oder Thymian, Rosmarin und Basilikum, gemischt

Pro Portion ca. 150 kcal / 620 kJ

1 Die Zwiebeln abziehen und grob hacken. Das Gemüse putzen, die Paprikaschoten entkernen. Das Gemüse waschen und in gleichmäßig große Würfel schneiden.Die Knoblauchzehen abziehen und fein hacken.

2 Das Olivenöl in einem Topf erhitzen und die Auberginenwürfel darin scharf anbraten. Die Hitze reduzieren und die Zwiebeln zugeben. Wenn sie glasig sind, die Gemüsewürfel bis auf die Tomaten untermischen und kurz mitdünsten. Dann die Tomatenstücke, den Knoblauch, das Tomatenmark, Salz, Pfeffer und die Kräuter zufügen.

3 Das Gemüse im halb geschlossenen Topf bei kleiner Hitze 25 Minuten köcheln lassen, dabei gelegentlich umrühren. Das Gemüse soll weich werden, aber nicht zerfallen.

Gemüsegrill

4 Portionen
10 Schaschlikzwiebeln (Grillzwiebeln oder Schalotten)
8 dünne Scheiben Frühstücksspeck
2 große Kartoffeln
1 Aubergine
2 Zucchini
1 rote und 1 gelbe Paprikaschote
4 EL Knoblauchöl
Saft von 1/2 Zitrone
1 TL getrockneter Thymian
grobes Meersalz

Pro Portion ca. 230 kcal / 950 kJ

1 Die Zwiebeln abziehen und 2 Minuten in reichlich kochendem Wasser blanchieren. Abgießen, in kaltem Wasser abschrecken und gut abtropfen lassen.

2 Die Speckscheiben quer halbieren und zu Röllchen drehen. Zwiebeln und Speckröllchen abwechselnd auf 2 Spieße stecken.

3 Die Kartoffeln waschen, bürsten, trocknen und samt der Schale der Länge nach in etwa 1 cm dicke Scheiben schneiden. Aubergine und Zucchini waschen, putzen, trocknen und diagonal in Scheiben schneiden. Die Aubergine fingerdick, die Zucchini in etwa 3 cm dicke Stücke schneiden. Die Paprikaschoten waschen, putzen, trocknen und je nach Größe in Drittel oder Viertel schneiden.

4 Die Spieße und alle Gemüsestücke mit Knoblauchöl bestreichen. Das restliche Knoblauchöl mit Zitronensaft und Thymian verrühren. Alle Zutaten auf dem Grill bei mittlerer Hitze 8 bis 10 Minuten grillen und dabei mehrmals wenden.

Den Gemüsegrill auf einer großen Platte anrichten, mit der Marinade beträufeln und mit grobem Meersalz bestreuen.

Gratinierte Zucchiniblüten

2 Portionen	100 g Sahnequark
6 kleine Zucchini mit Blüten	Salz
Salz	frisch gemahlener Pfeffer
Füllung	1 Prise frisch geriebene Muskatnuss
1 EL gemahlene Mandeln	geriebene Schale von 1/2 Zitrone
20 g frische Weißbrotkrume	30 g geriebener Parmesan
1/2 Bund glatte Petersilie	2 Eiweiß, 2 EL Knoblauchöl
2 Zweige Basilikum	1 EL Butter

Pro Portion ca. 380 kcal / 1600 kJ

1 Zucchini und Blüten mit Küchenpapier und Pinsel reinigen, nur waschen, falls unbedingt nötig. Die Stempel aus den Blüten schneiden. Die Zucchini der Länge nach fächerartig einschneiden, leicht salzen und Wasser ziehen lassen.

2 Die gemahlenen Mandeln in einer trockenen heißen Pfanne goldbraun rösten. Die Weißbrotkrume zerbröseln. Die Kräuter waschen, trockentupfen und die Blätter fein hacken.

3 Den Sahnequark mit Salz, Pfeffer und Muskatnuss verrühren, Mandeln, Weißbrot, Kräuter, Zitronenschale und Parmesan untermischen. Das Eiweiß sehr steif schlagen und unter die Quarkmasse heben.

4 Das Salzwasser von den Zucchini gründlich abwischen. Die Quarkmasse in einen Spritzbeutel mit Lochtülle füllen. Jede Zucchiniblüte gut zur Hälfte mit Quark füllen und die Blütenspitzen darüber zusammendrehen.

5 2 ofenfeste Teller mit Knoblauchöl bestreichen, je 3 gefüllte Zucchini darauf legen und mit Butterflöckchen besetzen.

6 Den Backofen auf 220 °C mit Umluft vorheizen. Die Teller auf den kalten Rost stellen und auf der mittleren Schiene in den Backofen geben. Die Zucchini 10 Minuten gratinieren, dann mit grob gemahlenem Pfeffer bestreuen und sofort servieren.

Bunte Salatplatte

4 Portionen
2 Bund Frühlingszwiebeln
1 Knoblauchzehe
1/2 Salatgurke
Salz
je 2 gelbe und rote Eiertomaten
je 4 gelbe und rote Cocktailtomaten
frisch gemahlener schwarzer Pfeffer
1 TL mittelscharfer Senf
3 EL milder Weinessig
6 EL Olivenöl
250 g Fetakäse
50 g Radieschensprossen

Pro Portion ca. 350 kcal / 1470 kJ

1 Alle Frühlingszwiebeln putzen und waschen. 2 Frühlingszwiebeln beiseite legen, die anderen nach nebenstehender Anleitung zu Blüten schneiden. Die Knoblauchzehe abziehen und mit den restlichen 2 Frühlingszwiebeln sehr fein hacken.

2 Die Salatgurke gründlich waschen, der Länge nach halbieren und die Kerne auskratzen. Die Gurke fein hobeln und leicht salzen.

3 Alle Tomaten waschen, die Eiertomaten in Scheiben schneiden und die Cocktailtomaten halbieren. Schwach salzen und pfeffern.

4 1 Prise Salz mit Pfeffer, Senf und Weinessig verrühren und mit dem Olivenöl sämig aufschlagen.

5 Die abgetropften Gurkenscheiben durch die Marinade ziehen und in die Mitte einer Platte häufen. Die Tomaten mit der Marinade anmachen und als Kranz um die Gurken anrichten. Mit den gehackten Frühlingszwiebeln und Knoblauch bestreuen.

6 Den Fetakäse mit 2 Gabeln in unregelmäßige Würfel teilen, pfeffern und zum Salat legen. Die Radieschensprossen verlesen und um den Tellerrand streuen. Zuletzt die Zwiebelblüten gut abtropfen lassen und die bunte Salatplatte damit garnieren.

Gefüllte Paprikaschoten, frittiert

4 Portionen	2 EL Rosinen, 2 EL Pinienkerne
100 g Reis, Salz	1 großes Ei, 8 Schoten von spitzen gelben Gemüsepaprika oder einer anderen milden Sorte
1 Zwiebel, 2 Knoblauchzehen	Bierteig:
1 Bund Koriandergrün oder glatte Petersilie	300 g Mehl, 1 TL Salz
2 frische rote Chilischoten	300 ml Bier, 2 Eier
300 g gemischtes Hackfleisch	1,5 kg Frittierfett
frisch gemahlener schwarzer Pfeffer	

Pro Portion ca. 630 kcal / 2650 kJ

1 Den Reis in Salzwasser 20 Minuten weich kochen und abgießen. Die Zwiebel und die Knoblauchzehen abziehen und sehr fein hacken. Das Koriandergrün waschen, trockentupfen, die Blättchen abzupfen und ebenfalls fein hacken. Die Chilischoten halbieren, entkernen und fein hacken.

2 Das Hackfleisch mit dem Reis und den anderen vorbereiteten Zutaten vermischen, salzen, pfeffern, grob gehackte Rosinen, ganze Pinienkerne und das Ei zugeben und die Masse gründlich durchmengen.
Den Stielansatz aus den Paprikaschoten herausschneiden und die Schoten vorsichtig entkernen. Die Hackfleischmischung in die Schoten füllen und mit einem Kochlöffelstiel bis in die Spitze hineindrücken.

3 Für den Bierteig Mehl, Salz, Bier und das Eigelb verrühren. Das Eiweiß steif schlagen und unter den Teig ziehen.

4 Das Frittierfett in der Fritteuse oder in einem großen schweren Topf auf 175 °C erhitzen. Ohne Thermometer: Ein Weißbrotwürfel muss in 1 Minute goldbraun sein.

5 Die gefüllten Paprikaschoten mit einer Gabel aufnehmen und gründlich durch den Bierteig ziehen. Sofort in das heiße Frittierfett legen und 10 Minuten lang ausbacken. Nicht mehr als 2 Schoten auf einmal in die Fritteuse geben. Fertige Paprikaschoten im Backofen warm halten.

Die frittierten Paprikaschoten möglichst heiß mit gewürztem Tomatenconcassé (siehe Seite 48) servieren.

Provenzalisches Gemüsegratin

4 Portionen	2 TL provenzalische Kräuter
1 große Aubergine	1 große gelbe Paprikaschote
Salz, 1 Prise Zucker	1 große rote Paprikaschote
2 große Gemüsezwiebeln	4 Zucchini
2 Knoblauchzehen,1 Dose gehackte Tomaten, 400 g	200 g Ziegenkäse
1/8 l Weißwein, 150 ml Olivenöl	50 g schwarze Oliven
frisch gemahlener schwarzer Pfeffer	2 EL Semmelbrösel
	50 g Butter

Pro Portion ca. 700 kcal / 2910 kJ

1 Die Aubergine waschen, in 1 cm dicke Scheiben schneiden und leicht salzen. In einen Durchschlag legen und 20 Minuten Wasser ziehen lassen. Die Auberginenscheiben trockentupfen.

2 Die Zwiebeln und den Knoblauch abziehen und in Scheiben schneiden. 1/3 des Olivenöls in einer tiefen Pfanne erhitzen und die Auberginenscheiben darin von beiden Seiten kurz anbraten. Aus der Pfanne heben und beiseite stellen. Weitere 50 ml Öl in die Pfanne geben und Zwiebeln und Knoblauch goldbraun braten.

3 Die gehackten Tomaten durch ein Sieb abgießen und unter die Zwiebeln mischen. Mit dem Wein aufgießen, mit Zucker, Salz, Pfeffer und der Hälfte der provenzalischen Kräuter würzen und 10 Minuten einkochen lassen. Die Zwiebel-Tomaten-Mischung in eine runde Auflaufform umfüllen.

4 Die Paprikaschoten und die Zucchini waschen, die Paprikaschoten halbieren und entkernen. Zucchini in Scheiben, Paprika in Streifen schneiden. Auberginen, Paprika und Zucchini im restlichen Öl anbraten und mit Salz, Pfeffer und den restlichen Kräutern würzen. Bunt gemischt auf das Tomatenbett legen.

5 Den Ziegenkäse zerkrümeln, Käse und Oliven auf dem Gemüse verteilen und mit den Semmelbröseln bestreuen. Die Butter in Flöckchen darüber verteilen. Im vorgeheizten Backofen bei 175 °C auf der 2. Schiene von oben ca. 25 Minuten überbacken. In der Form auftragen.

Gemüsestrudel

4 Portionen	Salz
Strudelteig	1 kleine Zwiebel
150 g Mehl und Mehl zum Verarbeiten, 1/2 TL Salz	40 g Butter
	100 g Schlagsahne
1 TL Essig, 2 EL Öl	3 Eier
Füllung:	frisch gemahlener Pfeffer
Je 100 g geputztes Gemüse:	frisch geriebene Muskatnuss
Zucchini, Möhren, Kohlrabi, Brokkoli	1 Eigelb, 1 EL Milch

Pro Portion ca. 460 kcal / 1940 kJ

1 Das Mehl in eine Schüssel sieben. 80 ml lauwarmes Wasser mit dem Salz verrühren, Essig und 2 Esslöffel Öl zugeben und die Mischung zum Mehl gießen. Alle Zutaten vermischen und den Teig schlagen. Wenn er sich vom Schüsselrand löst, den Teig auf der bemehlten Arbeitsfläche kneten, bis er geschmeidig ist. Eine Kugel formen, mit Öl bestreichen und zugedeckt an einem warmen Ort 30 Minuten ruhen lassen.

2 Für die Füllung das geputzte Gemüse gleichmäßig würfeln und im kochenden Salzwasser blanchieren.

3 Die Zwiebel abziehen und würfeln. Die Butter in einer Kasserolle zerlassen und die Zwiebel und 1/4 der blanchierten Gemüse darin anschwitzen. Mit der Sahne auffüllen und die Flüssigkeit einkochen lassen. Dann im Mixer pürieren und mit dem anderen Gemüse mischen. Die Eier einrühren und mit Salz, Pfeffer und Muskatnuss abschmecken. Zum Ausziehen des Strudelteigs ein Tuch gleichmäßig mit Mehl bestäuben. Die Teigkugel in die Mitte legen und zu einem Rechteck ausrollen. Mit beiden Händen unter den Teig greifen und ihn von der Mitte nach außen über die Handrücken ausziehen.

4 Die Gemüsefüllung auf dem Strudelteig verteilen und dabei einen Rand lassen. Den Strudel zusammenrollen und mit der Nahtstelle nach unten auf ein geöltes Backblech setzen.

5 Das Eigelb mit der Milch verrühren und den Strudel damit bestreichen. Den Gemüsestrudel im vorgeheizten Backofen bei 200 °C auf der mittleren Schiene 30 Minuten backen.

MK

Salat mit rohem Spargel

4 Portionen	1/2 Bund glatte Petersilie
8 Frühlingszwiebeln	1 Prise Zucker
100 g Zuckerschoten	frisch gemahlener weißer Pfeffer
Salz	1 TL mittelscharfer Senf
4 Stangen weißer Spargel	1 EL Zitronensaft
2 Bund Rucola	2 EL Estragonessig
Marinade	6 EL Traubenkernöl

Pro Portion ca. 190 kcal / 810 kJ

1 Die Frühlingszwiebeln abziehen, putzen und das dunkelgrüne Ende abschneiden. Die Zuckerschoten putzen, eventuell die Fäden abziehen und die Schoten waschen.

2 Reichlich Wasser zum Kochen bringen, leicht salzen und die Zuckerschoten hineingeben. Wenn das Wasser wieder kocht, die Frühlingszwiebeln zugeben und beide Gemüse noch knapp 1 Minute blanchieren. Abgießen, kalt spülen oder in Eiswasser legen.

3 Den Spargel waschen, schälen und die Enden beschneiden. Die Stangen diagonal in etwa 5 cm lange dünne Scheiben schneiden. Die Rucolablätter von den Stielen schneiden, den Salat verlesen, waschen und trockenschleudern.

4 Die Petersilie waschen, trockenschütteln und die Blätter fein hacken. Für die Marinade je 1 Prise Salz und Zucker, Pfeffer, Senf, Zitronensaft und Estragonessig verrühren und das Traubenkernöl unterschlagen. Die gehackte Petersilie in die Marinade rühren.

5 Sehr lange oder dicke Frühlingszwiebeln quer beziehungsweise längs halbieren, ebenso große Zuckerschoten halbieren. Alle Salatzutaten mit der Marinade vermischen.

Wilder Spargel mit Eiern

4 Portionen	geklärte Butter von 250 g frischer
Sauce béarnaise	Butter, 3 Eigelb
1 Schalotte oder 1/2 Zwiebel	frisch gemahlener weißer Pfeffer
1 Zweig Estragon	8 Eier
1 Bund glatte Petersilie	Essig, Salz
etwas frischer Kerbel	750 g wilder Spargel, ersatzweise 1
2 EL Weinessig	kg grüner Spargel
1 Glas trockener Weißwein	Zucker

Pro Portion ca. 760 kcal / 3200 kJ

1 Die Schalotte abziehen und fein hacken. Alle Kräuter waschen und trockenschütteln. Estragon, 3 Stängel Petersilie und Kerbel mit den Schalottenwürfeln, mit Weinessig und Weißwein aufkochen und bis auf 3 Esslöffel Flüssigkeit einkochen lassen. Dann durch ein Sieb passieren.

2 Inzwischen die Butter klären. Den Wasserbadtopf vorbereiten. Das Eigelb in den Einsatz geben und über Dampf mit der reduzierten Flüssigkeit aufschlagen, bis die Eimasse hellgelb und dicklich schaumig ist. Wenn der Eischaum den Schneebesen überzieht, die geklärte Butter zunächst nur tropfenweise, dann im dünnen Strahl zugießen. Dabei dauernd weiterrühren und darauf achten, dass die Sauce glatt und einheitlich bleibt. Immer erst dann wieder Butter zugeben, wenn die vorhergehende Menge von der Sauce restlos aufgenommen wurde.

3 Die Sauce mit Salz und frisch gemahlenem Pfeffer abschmecken. Restliche Petersilie fein hacken und in die Sauce béarnaise rühren. Die Sauce vom Feuer nehmen, aber warm halten. Immer wieder einmal mit dem Schneebesen aufschlagen. Die Eier in Salzwasser mit einem Schuss Essig pochieren. Jedes Ei sollte etwa 4 Minuten ziehen. Dann herausheben, in Form schneiden und in einer Schüssel mit frischem warmem Wasser warm halten. Den wilden Spargel gründlich waschen und die Enden abschneiden. In Salzwasser mit 1 Prise Zucker köcheln lassen.

Achtung: Wilder Spargel wird sehr schnell weich! Nach 4 Minuten eine Garprobe machen. Den abgetropften Spargel portionsweise auf vorgewärmte Teller verteilen und mit je 2 pochierten Eiern und der lauwarmen Sauce Béarnaise anrichten.

Dazu können gekochte neue Kartöffelchen gereicht werden.

Risotto mit grünem Spargel

4 Portionen	30 g Knochenmark
400 g grüner Spargel	60 g Butter
3/4 l Geflügelbrühe	200 g italienischer Rundkornreis
Salz	70 ml trockener Weißwein
1 Prise Zucker	30 g frisch geriebener Parmesan

Pro Portion ca. 360 kcal / 1510 kJ

1 Die Spargelstangen waschen und die Enden abbrechen. Die Geflügelbrühe mit je 1 Prise Salz und Zucker aufkochen, den Spargel einlegen und bei mittlerer Hitze etwa 10 Minuten köcheln lassen. Garprobe machen!

2 Dann den Spargel herausheben, abtropfen lassen und in mundgerechte Stücke schneiden. Den Sud aufbewahren.

3 Das gut gekühlte Knochenmark fein hacken. 20 g Butter in einem Topf zerlassen und das Knochenmark darin andünsten.

4 Den Rundkornreis einrieseln lassen und unter ständigem Rühren glasig dünsten.

5 Den Wein angießen, umrühren und den Wein bei mittlerer Hitze verdampfen lassen.

6 Den Spargelsud wieder erhitzen und
2 bis 3 Suppenkellen voll an den Reis gießen, umrühren und zugedeckt quellen lassen.

7 Wenn die Flüssigkeit ganz aufgesogen ist, nach und nach wieder von dem Sud zugeben und kräftig rühren. Im restlichen Sud die Spargelstücke erwärmen.

8 Nach etwa 18 Minuten ist der Risotto fertig. Die Hitze abschalten. Die restliche Butter und den Parmesan einrühren. Der Risotto muss cremig sein! Zuletzt die Spargelstücke vorsichtig unterheben.

Risotto wird immer unverzüglich serviert, meist als Vorspeise.

Gebratener Fenchel

4 Portionen
2 große Fenchelknollen
200 ml Weißwein
1/8 l Brühe
Salz
frisch gemahlener weißer Pfeffer
1 Messerspitze geriebene Muskatnuss
4 EL Olivenöl
1/2 Bund glatte Petersilie
60 g Butter
2 EL Semmelbrösel

Pro Portion ca. 300 kcal / 1280 kJ

1 Die Fenchelknollen waschen und putzen. Dabei die welken Blattschichten, das Grün und das Wurzelende abschneiden. Knollen in gleichmäßige, etwa 1 cm dicke Scheiben schneiden.

2 Weißwein und Brühe aufkochen, mit Salz, Pfeffer und Muskatnuss würzen. Die Fenchelscheiben in der Brühe 10 Minuten gar kochen. Mit einer Schaumkelle herausheben und gut abtropfen lassen.

3 In einer großen Pfanne das Öl erhitzen. Die Fenchelscheiben darin auf beiden Seiten goldbraun braten. Auf Küchenpapier kurz abtropfen lassen und warm stellen.

4 Die Petersilie waschen, trockentupfen und fein hacken.
Die Butter in einer Pfanne zerlassen, Semmelbrösel und Petersilie darin kurz anbraten. Über die Fenchelscheiben geben und sofort servieren.

Kohlrabi-Lauch-Gemüse

4 Portionen
2 Kohlrabi
2 Stangen Lauch
Salz
2 EL Butter
200 g Crème fraîche
1 Prise Zucker
frisch gemahlener weißer Pfeffer
1 Bund glatte Petersilie

Pro Portion ca. 310 kcal / 1310 kJ

1 Kohlrabi putzen und schälen, die zarten Herzblättchen aufheben. Kohlrabi halbieren und in sehr dünne Scheiben schneiden. Lauch putzen und gründlich waschen, in ca. 1 cm dicke Ringe schneiden.

2 Das Gemüse in kochendem Salzwasser 3 Minuten blanchieren, abgießen und gut abtropfen lassen.

3 In einem mittelgroßen Topf die Butter zerlassen und die Crème fraîche einrühren. Mit Salz und Zucker würzen. Das Gemüse zugeben und bei schwacher Hitze im geschlossenen Topf 10 Minuten dünsten. Anschließend mit weißem Pfeffer abschmecken.

4 Petersilie waschen und zusammen mit den Kohlrabiblättchen sehr fein hacken. Kurz vor dem Servieren unter das Gemüse mischen.

Weißkohlgemüse mit Sherry

4 Portionen
1 Weißkohl, ca. 1,2 kg
50 g Butter
Saft von 1 Zitrone
Salz
frisch gemahlener weißer Pfeffer
200 ml Hühnerbrühe
3 EL süßer Sherry Oloroso) oder
Portwein

Pro Portion ca. 110 kcal / 760 kJ

1 Äußere welke oder beschädigte Blätter vom Weißkohl entfernen, den Kohl halbieren und den Strunk ausschneiden. Den Weißkohl in fingerdicke Streifen schneiden.

2 Die Butter in einem Topf zerlassen, die Kohlstreifen zugeben, mit Zitronensaft beträufeln, salzen und pfeffern. Den Kohl 5 Minuten dünsten und dabei ständig wenden.

3 Die Brühe zugießen und den Kohl unter häufigem Wenden weitere 15 Minuten garen. Er sollte etwas Biss behalten.

4 Den Sherry über das Gemüse träufeln, gründlich mit dem Kohl vermischen und weitere 2 Minuten dünsten. Das Kohlgemüse sofort servieren.

Das Gemüse passt gut zu deftigen Fleischgerichten.

Rotkohlgemüse

4 Portionen
1 kg Rotkohl (Blaukraut)
Salz
100 ml milder Rotweinessig
1 Zwiebel
4 Nelken
1 Lorbeerblatt
1 Apfel (Boskop o. Ä.)
1 EL Butterschmalz
1 EL Zucker
300 ml Rotwein
2 EL rotes Johannisbeergelee
frisch gemahlener schwarzer Pfeffer

Pro Portion ca. 140 kcal / 610 kJ

1 Die äußeren Blätter entfernen, den Kohlkopf vierteln und in feine Streifen hobeln, den Strunk wegwerfen.

2 Kohl in eine Schüssel geben, mit Salz bestreuen und den Essig darüber gießen. Gut vermischen und mindestens 1 Stunde durchziehen lassen. Die Zwiebel abziehen, kreuzweise einschneiden und mit Nelken und Lorbeerblatt spicken.

3 Den Apfel schälen, vierteln und das Kernhaus entfernen. In einem ausreichend großen Topf das Butterschmalz erhitzen. Den Kohl samt der Flüssigkeit, gespickter Zwiebel, Apfelstücken, Zucker, Rotwein und Johannisbeergelee in den Topf geben. Alles gut mischen und zugedeckt bei mittlerer Hitze ca. 40 Minuten garen, dabei gelegentlich umrühren.

4 Vor dem Servieren die gespickte Zwiebel entfernen und den Kohl mit Salz und Pfeffer abschmecken.

Sauerkraut

4 Portionen
100 g geräucherter Schweinebauch am Stück
1 Zwiebel
1 Dose Sauerkraut, ca. 520 g
150 ml Fleischbrühe
100 ml Weißwein
2 Lorbeerblätter
5 Wacholderbeeren

Pro Portion ca. 230 kcal / 940 kJ

1 Den Schweinebauch bei mittlerer Hitze in einem Topf rundherum anbraten. Die Zwiebel abziehen, halbieren und mit den Schnittflächen auf den Topfboden legen.

2 Das Sauerkraut zugeben und mit zwei Gabeln locker zupfen. Die Fleischbrühe und den Weißwein angießen. Die Lorbeerblätter einlegen, die Wacholderbeeren leicht quetschen und ebenfalls zugeben.

3 Das Sauerkraut im geschlossenen Topf und bei mittlerer Hitze 20 Minuten köcheln lassen.

Vor dem Servieren die Zwiebelhälften und die Lorbeerblätter entfernen.

GRÄFRATHS VIELFÄLTIGER GAUMENSCHMAUS

Im **Hotel Gräfrather Hof** – in einer der schönsten Regionen im Bergischen Land gelegen – finden Sie die Freiheit und den Rahmen, schöne Dinge zu erfahren. Wir machen Sie bekannt mit einer Welt sinnlichen Erlebens, privatem Charme, exzellentem Service und einer ausgezeichneten Küche. Genießen Sie einen komfortablen Aufenthalt rund um den 700-jährigen Gräfrather Marktplatz und lassen Sie sich kulinarisch verwöhnen.
Jeder Gast ist bei uns ein besonderer Gast und verdient den besten Service!

FLORIAN

Das Restaurant FLORIAN ist ein Ort für alle, die Wert auf eine außergewöhnliche, **internationale Küche,** exklusive Getränke und eine besondere Atmosphäre legen. Genießen Sie ab dem ersten Moment vollkommene Gastlichkeit und lassen Sie sich von unseren Köchen in die Welt der Haut Cuisine entführen.

Osteria da Felice

Mit Herz und Leidenschaft bereiten Felice und sein Team pfiffige und variantenreiche **italienische Köstlichkeiten.** Direkt vis á vis unseres Hotels.

Brauhaus Gräfrather Klosterbräu

Zwei Gehminuten vom Gräfrather Hof entfernt empfängt Sie stilvoll, uriges Ambiente. Hier lädt **klassische, deutsche Küche** – abgerundet durch erlesene Weine sowie hausgebrautes und prämiertes Bier zum gemütlichen Verweilen ein.

GRÄFRATHER HOF
HOTEL

Gasthof
Gräfrather Klosterbräu
Schänke

FLORIAN
BISTRO CAFÉ BAR

OSTERIA
da Felice

lecker und einfach

BELLAVISTA

Eine große Auswahl weiterer köstlicher Gerichte zum Nachkochen!

Mit vielen Bildern